Date : _____

I0465819

```
· · · · · · · · · · · · · · · · · · · · · · · · · · · · · · · · · · · · · · · · · · · · · · · · · ◆ · · · · · · · · · · · · ◆

· · · · · · · · · · · · · · · · · · · · · · · · · · · · · · · · · · · · · · · · ◆ · · · · · · · · · ◆ · · · · · · · ◆

· · · · · · · · · · · · · · · · · · · · · · · · · · · · · · · · · · · · · · · · · ◆ · · · · · · · ◆ · · · · · · · ◆
```

Date : _____

Date : _____

Date : _____

Date : _____

Date : _____

Date : _____

Date : _____

Date : _____

Date : _____

Date : _____

Date : _____

Date : _____

Date : _____

Date : _____

Date : _____

Date : _____

Date : _____

Date : _____

Date : _____

Date : _____

Date : _____

Date : _____

Date : _____

Date : _____

Date : _____

Date : _____

Date : _____

Date : _____

Date : _____

Date : _____

Date : _____

Date : _____

Date : _____

Date : _____

Date : _____

Date : _____

Date : _____

Date : _____

Date : _____

Date : _____

Date : _____

Date : _____

Date : _____

Date : _____

Date : _____

Date : _____

Date : _____

Date : _____

Date : _____

Date : _____

Date : _____

Date : _____

Date : _____

Date : _____

Date : _____

Date : _____

Date : _____

Date : _____

Date : _____

Date : _____

Date : _____

Date : _____

Date : _____

Date : _____

Date : _____

Date : _____

Date : _____

Date : _____

Date : _____

Date : _____

Date : _____

Date : _____

Date : _____

Date : _____

Date : _____

Date : _____

Date : _____

Date : _____

Date : _____

Date : _____

Date : _____

Date : _____

Date : _____

Date : _____

Date : _____

Date : _____

Date : _____

Date : _____

Date : _____

Date : _____

Date : _____

Date : _____

Date : _____

Date : _____

Date : _____

Date : _____

Date : _____

Date : _____

Date : _____

Date : _____

Date : _____

Date : _____

Date : _____

Date : _____

Date : _____

Date : _____

Date : _____

Date : _____

Date : _____

Date : _____

Date : _____

Date : _____

Date : _____

Date : _____

Date : _____

Date : _____

Date : _____

Date : _____

Date : _____

Date : _____

Date : _____

Date : _____

Date : _____

Date : _____

Date : _____

Date : _____

Date : _____

Date : _____

Date : _____

Date : _____

Date : _____

Date : _____

Date : _____

Date : _____

Date : _____

Date : _____

Date : _____

Date : _____

Date : _____

Date : _____

Date : _____

Date : _____

Date : _____

Date : _____

Date : _____

Date : _____

Date : _____

Date : _____

Date : _____

Date : _____

Date : _____

Date : _____

Date : _____

Date : _____

Date : _____

Date : _____

Date : _____

Date : _____

Date : _____

Date : _____

Date : _____

Date : _____

Date : _____

Date : _____

Date : _____

Date : _____

Date : _____

Date : _____

Date : _____

Date : _____

Date : _____

Date : _____

Date : _____

Date : _____

Date : _____

Date : _____

Date : _____

Date : _____